potager
au carré

Rosenn Le Page

Photos : Pierre Fernandes

potager au carré

rustica éditions

Dépôt légal : mars 2010
ISBN : 978-2-84038-982-8

www.rustica.fr
www.fleuruseditions.com

Sommaire

cultiver un potager en carré

L'organisation et la mise en place

Manque de temps, manque de place... Il n'en fallait pas moins pour exclure le potager des jardins urbains. Mais aujourd'hui, il revient en force en alternative « écolo » à la banalisation du goût.

L'intérêt du potager en carré

Le potager d'aujourd'hui n'a bien souvent plus le caractère nourricier de celui de nos grands-parents. En effet, la taille réduite des jardins ne permet pas de cultiver suffisamment de légumes pour satisfaire les besoins de toute une famille. D'ailleurs, auriez-vous vraiment le temps de le faire ? La vie a en effet changé et l'approvisionnement des villes en fruits et légumes aussi.

Principaux rendez-vous au potager

Mars – avril :
préparation du sol (affinage, désherbage...) et semis.

Mai – juin :
plantations et entretien (binage, désherbage, paillage, arrosage...).

Été : arrosages et récoltes.

Octobre – novembre :
dernières récoltes, travail du sol et fertilisation.

Toutefois, cultiver ses propres légumes, c'est découvrir de nouvelles saveurs, ajouter une touche personnelle à sa cuisine, savourer le plaisir de faire soi-même, retrouver le rythme des saisons... c'est bien plus que les quelques salades ou tomates cerises que vous allez retrouver dans votre assiette, qui vous coûteraient à peine plus cher au supermarché du coin mais qui, là, ont véritablement du goût !

Pour que cette activité reste un plaisir, ne voyez pas trop grand, d'où l'intérêt d'organiser son potager en carrés : cela permet en effet de disposer d'une surface que l'on peut planter ou semer en quelques heures. L'entretien, par la suite, ne demande pas plus de 5 minutes par jour. C'est à la portée de tout un chacun. Commencez par créer un carré de 1,20 à 1,50 m que vous divisez ensuite en 16 autres carrés (comme un damier) de 30 à 37 cm de côté : c'est la surface nécessaire pour produire au moins un plat de légumes pour 3 à 4 personnes.

Si votre jardin est grand et que vous avez envie de jardiner davantage, il est préférable de réaliser plusieurs carrés de cette taille plutôt que d'en agrandir les dimensions.

↑ *Pour donner du rythme au potager, on a alterné, à la ferme de Bois Richeux, les carrés surélevés et ceux au niveau de l'allée.*

La bonne place

Le soleil et la lumière sont indispensables au bon développement des légumes. Rares sont ceux qui acceptent, voire exigent de pousser à l'ombre. Choisissez un emplacement bien dégagé, sans arbre à proximité côté sud. Il est préférable que l'endroit soit le plus plat possible afin de retenir les eaux de pluie ou d'arrosage sur place, auprès des légumes.

Choisissez également un lieu facile d'accès, car vous allez y intervenir souvent pour semer, planter, entretenir et récolter.

Produire soi-même ses légumes permet de s'assurer qu'ils sont plus sains : absence de traitement chimique, pas d'engrais excessif…

En ville, installez votre potager derrière votre maison par rapport à la rue : le bâtiment fera écran aux poussières polluantes. Sinon plantez une haie touffue, bien dense à la base et assez haute (environ 2 m) entre la voie de circulation et votre potager. Ne croyez pas qu'un jardin à la campagne vous garantit de toute pollution. Si les champs alentour sont cultivés, sachez que l'épandage des produits de traitements agricoles a tendance à outrepasser les limites de propriété en raison du vent. Installez donc votre potager le plus loin possible des champs avoisinants.

L'installation

Tracez les limites de votre carré au sol avec des cordeaux de ruban de chantier. Désherbez soigneusement l'emplacement et brisez la croûte de terre s'il y en a une.
Matérialisez votre carré avec des planches (ou tout autre bordure solide) de 20 cm de large. Vous pouvez confectionner un cadre fixe que vous pourrez ensuite déplacer à loisir d'année en année.
Remplissez-le d'un mélange de terreau à rosier et de compost ou de fumier déshydraté, une terre idéale pour les légumes. Un des avantages de la culture en carré est de vous affranchir du sol en place, pas forcément favorable à la culture des légumes.

La valse des légumes

Choisissez des espèces qui produisent rapidement : les radis et le mesclun, qui se récoltent en moins d'1 mois de culture, sont les champions ! Ainsi, chaque fois que cela est possible, préférez l'achat de quelques plants plutôt que le semis, ou produisez-les vous-même mais dans un autre endroit que votre carré. Cela raccourcit considérablement le temps de culture.
Pensez aussi aux légumes dont la récolte stimule de nouvelles productions et donc produisent longtemps, comme les courgettes. Malgré tout, ne vous privez pas de productions phare comme les tomates qui occupent le terrain longtemps pour une récolte modeste. Privilégiez les variétés à petits fruits, plus prolixes.
Plantez ou semez serré, même dans les coins, et récoltez jeunes. Dès qu'un emplacement est libre, installez une nouvelle production. Évitez de cultiver les mêmes plantes, des plantes de la même famille ou le même type de légumes (légumes-feuilles, légumes-racines, légumes-fruits) successivement au même endroit.
Chaque automne, quand les récoltes sont achevées, recouvrez de compost toute la surface de votre carré si vous devez le laisser en place. Sinon, remisez vos bordures et mélangez le terreau enrichi avec la terre de votre jardin.

← La terre de ce carré est maintenue par une structure maçonnée habillée de plessis d'osier sur les côtés et de poutrelles de bois sur le dessus.

Le travail du sol et son enrichissement

Les légumes épuisent les ressources du sol. L'entretien et les récoltes ont tendance à tasser la terre. Le travail du sol consiste à l'aérer, à casser la croûte de surface s'il y a lieu et à lui apporter des éléments nutritifs destinés aux plantes. Mais ce travail ne sera pas tout à fait le même lors de l'installation du potager en carrés et lors de l'entretien.

À la mise en place

Un bêchage sur toute la surface est conseillé lors de l'installation du potager, car il permet d'ameublir la terre et favorisera donc l'écoulement des eaux en profondeur. Procédez classiquement par bande de la largeur du fer de la bêche.

Creusez d'abord une tranchée en entreposant la terre dans la brouette. Travaillez le sol à reculons afin de ne pas piétiner votre ouvrage. À la rangée suivante (juste à côté), basculez la motte de terre soulevée par la bêche dans la tranchée voisine. Nul besoin de la soulever très haut, il suffit de faire pivoter le fer de la bêche. Continuez ainsi jusqu'au bout de la rangée et renouvelez jusqu'à bêcher tout le terrain. Comblez l'ultime rangée avec la terre extraite de la première rangée. Si vous opérez à l'automne (terre argileuse), attendez le printemps pour continuer. Si vous travaillez la terre au printemps (terre sableuse), griffez ensuite la surface afin de casser les grosses mottes et d'affiner la terre. Terminez au râteau pour aplanir si nécessaire.

Ne faites rien...

– lorsque le sol est détrempé et qu'il y a des flaques d'eau en surface. À piétiner le sol, vous n'aboutiriez qu'à le tasser, surtout si le sol est lourd ;

– quand, à l'inverse, le sol est très sec. Il est alors impossible d'y enfoncer les outils, d'autant plus s'il s'agit d'une bêche.

En entretien régulier

Évitez de bêcher par la suite, car cette opération, en retournant les mottes de terre, bouleverse les différentes couches du sol. Or les micro-organismes sont inféodés à des couches de sol sur quelques centimètres selon leur type (espèce). Par exemple, il y a une sorte de ver de terre qui vit en surface, une autre quelques centimètres sous la surface et une autre plus en profondeur. Chacune est parfaitement adaptée à son milieu. Si vous retournez les mottes de terre, les micro-organismes de la surface se retrouveront en pro-

↖ Le bêchage, utile pour la mise en place, permet de décompacter la terre en profondeur.

↑ La griffe permet de casser les mottes de terre et de briser la croûte due à la sécheresse.

← Le râteau permet d'affiner la granulométrie de la terre, indispensable pour une bonne germination des graines fines surtout.

fondeur et ne seront pas à leur aise du tout, et inversement. C'est la raison pour laquelle il est déconseillé de retourner la terre en entretien régulier.

Il est préférable d'aérer le sol avec des outils spécifiques que l'on regroupe sous le vocable de « fourche biologique ». Ce type de travail du sol crée des fissures dans le sol où peuvent s'engouffrer l'eau et l'air en profondeur. S'il n'y a pas bouleversement de la faune souterraine, il y a quand même destruction des galeries des vers de terre. Quand la terre est légère et travaillée régulièrement, cela suffit. Cette opération demande moins d'effort physique que le bêchage. Voici la marche à suivre :

– Enfoncez les dents de l'outil verticalement dans le sol, pas plus loin que le bout de vos pieds.

– Balancez l'outil sur place, à plusieurs reprises, d'avant en arrière avec les deux manches, puis extrayez les dents du sol en ramenant l'outil à vous pour le planter ensuite environ un pas plus loin.

Complétez ce travail du sol, lorsqu'il est réalisé en automne, par l'étalement d'un amendement organique (paillage) de 6 à 8 cm d'épaisseur qui reconstituera les réserves nutritives du sol (voir p. 20). Les vers de terre, par leurs allées et venues des profondeurs vers la surface, se chargeront d'enfouir cette manne fertilisante dans le sol. À la sortie de l'hiver, quand vous serez prêt à semer et planter de nouveau, l'amendement organique étalé aura disparu. C'est normal et c'est même le but recherché !

Spécial paresseux

Dans les sols pas trop argileux, vous pouvez éviter cette opération en paillant efficacement – une couche de 6 à 8 cm d'épaisseur est nécessaire – vos légumes à partir de juin, avec un matériau organique d'une granulométrie assez fine (mulch, paillettes de lin ou de chanvre...) qui se dégrade donc dans le temps. Au printemps, vous enfouirez les restes en griffant, ce qui ameublira suffisamment la terre pour une nouvelle année de culture.

La fertilisation

L'objectif du potager en carré n'est pas de nourrir sa famille mais de se faire plaisir en cultivant et dégustant ses légumes. Fertiliser à outrance est inutile et risque de polluer l'environnement, même si vous usez de produits biologiques. La fertilisation se déroule en deux temps :

– À l'automne : vous réaliserez un paillage de compost bien épais.

– Au printemps : vous compléterez, en début de saison, par des apports d'engrais biologiques plus spécifiques des cultures envisagées. Toutefois, ne vous perdez pas dans toutes les dénominations commerciales. Il existe deux types d'engrais : ceux pour les légumes qui produisent des fleurs (chou-fleur, artichaut...) et des fruits (tomates, courges, concombre...), riches en potassium et phosphore, et ceux pour les légumes-feuilles (salades, choux...).

La plantation

La plantation intervient dans la culture de nombreux légumes. Elle intervient lorsque vous achetez des jeunes plants dans le commerce ou que vous en produisez vous-même à partir de graines, pour la mise en place définitive de vos productions. C'est une opération sans difficulté surtout à l'échelle d'un potager en carré.

L'achat de jeunes plants

Pour une surface aussi réduite qu'un potager en carré, privilégiez si possible l'achat de jeunes plants produits par des professionnels. Vous gagnerez du temps et l'investissement ne sera pas très important. Par exemple, vous n'aurez besoin que d'1 plant de potiron ou 3 de courgettes.
On trouve dans le commerce deux types de plants : ceux cultivés en godets et ceux en minimottes de tourbe compressée (toutes les salades généralement). Les premiers se gardent plus longtemps sur le point de vente s'ils sont arrosés correctement. Vérifiez que le terreau du godet est bien humide lors de l'achat. Si le pot est en plastique, ôtez-le avant plantation ; s'il est en tourbe ou tout autre matériau biodégradable, vous pouvez planter avec le pot. Les plants cultivés en minimottes de tourbe sont plus sensibles au dessèchement que ceux en godets.
Choisissez les jeunes plants aussi frais que possible... si vous êtes sur votre point de vente le jour de la livraison ou le lendemain, c'est vraiment parfait !

! Astuce !

Faites le bon choix lors de l'achat ! Le jeune plant doit être court : s'il est trop haut, cela signifie qu'il a probablement manqué de lumière lors de sa croissance. Son feuillage ne doit pas comporter de traces suspectes (maladies) ni de parasites.

Les gestes de base

Humidifiez bien la motte des racines de vos jeunes plants : faites tremper pendant quelques minutes les mottes compressées ou les godets dans une bassine d'eau avant de planter. Le terreau autour des racines doit être détrempé.
Si le godet est biodégradable, attendez qu'il soit bien humidifié, puis déchirez-le délica-

tement avec les doigts à plusieurs endroits et insérez-le dans le trou de plantation. Il se désagrégera tout seul grâce à l'humidité de la terre. Si le godet est en plastique, appuyez légèrement sur ses parois tout en tirant sur la base du plant pour le dépoter. Puis installez le jeune plant dans le trou de plantation. Limitez la transpiration pour une bonne reprise en réduisant, par exemple, les feuillages des salades d'environ un tiers à la moitié de leur hauteur (il suffit de couper les feuilles au sécateur). L'idéal est d'opérer un jour de pluie fine où l'atmosphère est chargée d'humidité ou dans la soirée lorsque le soleil est moins ardent.

Stimulez un bon enracinement après plantation en tassant le sol autour de chaque plant et en arrosant copieusement au pied de chaque plant. N'hésitez pas à bien détremper la terre afin de favoriser un bon contact entre les racines et le sol.

Maintenez la terre bien humide sans la détremper jusqu'à la reprise de la croissance (formation de nouvelles feuilles).

↗ Faites bien tremper les godets avant de les planter afin de stimuler un bon enracinement des laitues.

→ Coupez les feuilles des jeunes plants de salade d'environ un tiers à la moitié de leur hauteur afin de réduire leur transpiration, le temps que les racines recommencent à fonctionner normalement après la plantation.

Le semis

De très nombreux légumes se sèment. C'est un bon moyen de réaliser un potager à moindre coût et de cultiver des variétés insolites. Le semis est par ailleurs incontournable pour les légumes qui ne supportent pas la transplantation, comme la plupart de ceux produisant des racines (carottes, radis, betteraves...). Selon la période de leur récolte, les légumes se sèment au printemps (récolte de printemps et d'été) ou en été (récoltes d'automne et d'hiver).

! Astuce !

Si le sol est très sec au moment du semis, arrosez en pluie fine et abondamment la veille, le soir. Les graines germent plus facilement dans de la terre humide en profondeur.

Semer en place

Le plus difficile lorsque l'on sème directement en place est de bien affiner la terre – elle doit être aussi fine que les graines – et de répartir les graines de façon homogène sur la surface du carré. C'est pour cette raison que le semis en ligne est plus aisé pour débuter que le semis à la volée.

Pour le semis en ligne, répartissez les graines dans le fond de sillons de 1 à 2 cm de profondeur. Refermez au râteau, tassez et arrosez en pluie fine. Maintenez humide jusqu'à l'apparition des premières feuilles. Vous disposerez les grosses graines en groupes de 2 à 3 à intervalles réguliers sur la ligne.

Pour semer à la volée sur un carré, partagez en deux les graines. Semez la première moitié dans un sens et l'autre moitié dans le sens perpendiculaire. Émiettez du terreau dessus, tassez et arrosez en pluie fine. Quand les jeunes plants ont 2 à 3 feuilles, éliminez les plus faibles pour laisser la place aux plus vigoureux de se développer correctement.

À semer en place obligatoirement : carotte, radis, haricot, pois, bette, betterave, cresson alénois, épinard, navet, roquette...

Semer dans un contenant

Lorsque le semis en place n'est pas obligatoire, il est préférable de semer les légumes en dehors du carré. Ils occupent ainsi la place un minimum de temps et vous permettent

➔ Les graines de taille moyenne sont faciles à répartir de façon homogène lors du semis.

➘ Faites tremper les graines une nuit dans un bol d'eau pour faciliter la germination.

de multiplier les récoltes. Lorsque les graines sont fines, on les sème dans des contenants bas et larges (caissette ou terrine à semis). Quand les graines sont volumineuses (courgettes...), on préfère les semer en godet.

En terrine ou en godet, entreposez votre semis dans un endroit abrité des courants d'air ou au chaud selon la nature des graines semées et la période : suivez les indications mentionnées sur vos sachets de graines.

Voici les gestes de base à accomplir :

– En terrine : remplissez la terrine de terreau à semis, répartissez en surface les graines de manière homogène. Recouvrez de terreau émietté, tassez et arrosez en pluie fine.

– En godet : remplissez les godets de terreau à semis à ras bord. Enfoncez avec le doigt 3 à 5 grosses graines dans le terreau, tassez et arrosez abondamment.

La taille des graines pour guide

Les grosses graines (pois de senteur, haricot d'Espagne, capucine, tournesol...) ont souvent une peau épaisse. Faites-les tremper dans de l'eau la veille du semis pour la ramollir et favoriser une sortie rapide du germe.

Les graines fines (carotte, radis...) se mélangent avec du sable ou du marc de café sec pour en augmenter le volume et ainsi faciliter leur répartition homogène lors du semis.

L'entretien

Désherbage, arrosage et paillage sont les trois actions à réaliser pour garder son potager en carré en bonne santé et obtenir des récoltes abondantes. Ne les négligez donc surtout pas !

Désherber

Les plantes sauvages indésirables, ou adventices, menacent les plantes cultivées voisines, d'autant plus si elles sont aussi gourmandes que les légumes. Elles les concurrencent pour l'espace, la nourriture et l'eau. Il est donc important de les éliminer du potager.
Et c'est au printemps que la lutte est la plus rude. Le jardinage « bio » ne propose pas de solution alternative à l'huile de coude pour le désherbage du potager. Malgré tout, la corvée n'est pas si terrible si vous agissez tôt, au printemps, quand la terre est humide et les mauvaises herbes sont au stade plantule : il est alors plus facile de les éliminer.
Arrachez les plus développées, notamment les touffes de graminées comme le chiendent, avec leurs racines, mais, pour un désherbage efficace, ne les coupez pas au ras du sol, surtout pour les adventices vivaces. Pour les mauvaises herbes plus frêles, un léger binage lors d'un après-midi ensoleillé permet aux rayons du soleil de griller les jeunes plantules déracinées ou coupées par la binette.
Le paillage limitera grandement vos interventions par la suite.
Durant l'été, la sécheresse limite la croissance de toutes les plantes, y compris des mauvaises herbes.

Trompez les mauvaises herbes !

Une quinzaine de jours avant de semer vos légumes, affinez la terre, puis laissez les mauvaises herbes présentes germer. Quand elles mesurent quelques centimètres de haut, un coup de griffe met les racines des jeunes plantules à l'air. Vous serez ainsi débarrassé d'une bonne partie des mauvaises herbes. Cela permet de nettoyer rapidement et sans trop d'effort le potager d'une grande partie des mauvaises herbes sans aucun désherbant.

Arroser

Si vous souhaitez des récoltes abondantes, prévoyez d'arroser du printemps à l'automne. Quoi qu'il en soit, les légumes se passent difficilement d'eau.

Il est donc judicieux d'installer votre carré de potager le plus proche possible d'une source d'eau (robinet, récupérateur d'eau...). Vous n'avez pas besoin d'un matériel spécifique : un arrosoir (10 l) avec une pomme pour arroser les semis délicats et un tuyau d'arrosage avec pistolet et douchette suffisent.

Malgré tout, si votre région connaît, ou au cas où elle connaîtrait un jour des restrictions d'eau inopinées, prévoyez quelques réserves. Ainsi, un récupérateur d'eau alimenté par une dérivation de gouttière vous offre une solution discrète pour stocker l'eau. C'est plus efficace que les tonneaux et citernes ouverts pour recueillir la pluie. Les cuves enterrées, de plus grandes capacités, sont également une bonne solution. Pensez-y si vous faites des travaux dans votre jardin qui nécessitent de recourir à une pelle mécanique. Voici les gestes de base à accomplir :

– Arrosez le soir : vous limitez ainsi l'évaporation due à la chaleur. Durant la nuit, les légumes ont le temps de reconstituer leurs réserves. L'arrosage vespéral est également l'occasion de surveiller les invasions de pucerons ou les taches des parasites sur les feuilles. Pour une si petite surface, l'automatisation ne se justifie pas.

– L'arrosage se fait essentiellement au pied des légumes : l'eau va ainsi directement aux racines. Certains, comme les courgettes ou les tomates, détestent d'ailleurs que l'on mouille leur feuillage.

– Bien arroser permet de renforcer la tolérance des légumes à la sécheresse. Apporter de l'eau en quantité mais pas trop souvent est nettement mieux qu'un petit peu tous les jours !

– Économiser l'eau est indispensable : elle devient une denrée rare et de plus en plus chère. Un système de goutte-à-goutte apporte juste ce qu'il faut là où il faut, limitant ainsi les pertes. Pour débuter, optez pour les kits contenant tout ce qu'il faut pour vous familiariser avec la technique. Le paillage

← Arrosez les légumes de préférence au pied sans mouiller le feuillage.

permet aussi de réduire l'évaporation au niveau du sol et ainsi de limiter les besoins des plantes en eau (voir ci-dessous).

Pailler

Le paillage limite l'évaporation de l'eau ; la terre garde ainsi plus longtemps son humidité. Les arrosages pourront donc être espacés. Le principe est simple : on couvre le sol d'un matériau opaque et organique (composé de matériaux naturels d'origine végétale : paillis de lin ou de chanvre, débris de bois, tontes de gazon, compost...) en couche épaisse de 6 à 8 cm d'épaisseur, qui laisse passer l'air et l'eau. Avant de pailler, désherbez soigneusement et binez la terre pour éventuellement casser toute croûte qui se serait formée et arrosez abondamment.
Outre sa fonction première durant la saison de culture, le paillage organique a, en plus, l'avantage de stimuler, de façon naturelle, l'activité des vers de terre et des micro-organismes présents dans le sol, et d'enrichir la terre en aliments pour les plantes, en se décomposant. Au printemps, d'un coup de griffe, on en incorpore les restes aux premiers centimètres du sol avant de cultiver d'autres légumes.

➚ La paillette de lin en couche épaisse autour des fraisiers protège les fruits des salissures de terre et de la pourriture.

➔ Pour éviter que la fine paillette de lin ne s'envole au moindre souffle, arrosez en pluie fine après mise en place pour qu'elle s'agglomère.

La récolte

Fraîchement cueillis, à maturité, les légumes sont plus savoureux et davantage gorgés de vitamines. Celles-ci s'altèrent vite après la récolte. Un potager dans son jardin, c'est l'assurance de manger des légumes à point... à condition de les récolter quand il le faut ! Sachez repérer le bon moment et surveillez vos rangs de légumes à l'affût de la maturité convoitée.

Repérer l'idéal de maturité

Les manifestations de la maturité varient selon les légumes. Pour les uns, la couleur est révélatrice, comme chez les tomates ; pour d'autres, c'est la taille, comme chez les haricots verts à filets à cueillir avant qu'ils n'atteignent 15 cm de long ; pour d'autres, c'est la souplesse sous la pression des doigts, le parfum, une peau qui se ternit...

Récolter selon ses besoins

Les légumes vieillissent mieux sur pied que dans votre réfrigérateur. Cueillez ce dont vous avez besoin le jour même et revenez le lendemain si nécessaire. N'hésitez pas à faire profiter vos voisins de vos excès de récolte : ils feront, à n'en pas douter, de même lorsque l'occasion se présentera chez eux ! Les légumes qui se récoltent en automne et en hiver (carottes, poireau, mâche...) ont une maturité plus échelonnée. Les températures froides ralentissent leur évolution.

Conserver sans tarder

Pour la même raison que ci-contre, si vous envisagez de congeler, de faire des conserves ou d'utiliser tout autre mode de congélation, opérez le jour de la cueillette lorsque les légumes sont les plus frais.

! Astuce !

Lors des récoltes, inutile de rapporter à la cuisine les fanes des légumes-racines (carottes, navets, betterave...) si le cuisinier n'en a pas l'usage. Éliminez-les au potager au-dessus du tas de compost si vous en avez un. Ce feuillage se coupe en général facilement d'une simple torsion.

un potager qui vous ressemble

Carré printanier

Avec les premiers beaux jours, le jardin renaît et nous avons envie de nature, de fraîcheur et de légumes nouveaux. Les premières récoltes printanières ont, pour cette raison, une saveur toute particulière. Se ménager un carré de potager pour le printemps vous procurera beaucoup de plaisir et vous pourrez ensuite le reconvertir en culture d'hiver (choux, poireaux, mâche...) qu'il ne sera pas trop tard de mettre en place après ces récoltes précoces.

Faites votre choix

Espèces conseillées	Quantités pour un carré de 30 à 35 cm
Laitue pommée	1 à 2 plants
Radis	1/4 de sachet de graines
Navet	1/4 de sachet de graines
Carotte courte	1/4 de sachet de graines
Cerfeuil	1/4 de sachet de graines
Cresson alénois	1/4 de sachet de graines
Mesclun	1/4 de sachet de graines

➔ *Au printemps, les fleurettes bleues des campanules rendent plus belles les laitues vert tendre.*

Chacune à la bonne place

Ces légumes occupent le terrain pendant une très courte durée, c'est-à-dire 1 à 3 mois au maximum. Vous pouvez les mélanger d'un carré à l'autre, les semer en mélange comme le radis et la carotte, le cerfeuil, le cresson alénois et le mesclun.

Les feuillages de toutes ces plantes sont généralement verts sauf pour les laitues dont le feuillage est parfois pourpré. Jouez donc davantage sur les textures que sur les couleurs : la finesse des feuilles de carotte avec les rondeurs de la laitue, la dentelle du cerfeuil avec les feuilles rugueuses du radis...

Pensez à agrémenter ce carré de quelques fleurettes printanières : campanules, pensées, pâquerettes, myosotis... qui apporteront une touche de couleur délicate ou vive. Arrachez après floraison pour libérer la place si vous le souhaitez. Vivaces, les campanules peuvent se transplanter en bordure de plate-bande fleurie, par exemple.

Calendrier des interventions

La plupart des légumes se sèment dès mars. C'est le cas également des laitues, mais il est plus rapide d'acheter quelques plants : en effet, la surface à cultiver n'est pas bien grande et l'investissement est donc tout à fait raisonnable.
Pour réussir ces semis, affinez la terre pour assurer un bon contact entre la graine et la terre, garant d'une bonne germination. Maintenez humide jusqu'à l'apparition des premières feuilles.
Généralement, il pleut sous nos latitudes, mais il peut y avoir parfois des printemps très secs. Un carré printanier demande un peu plus de vigilance que les autres pour l'arrosage : intervenez chaque fois que la terre sèche. C'est une vigilance de courte durée puisque ces légumes se récoltent très rapidement après leur mise en place.

➔ *Lors du semis, répartissez les graines de façon homogène.*

Protection maison

Au printemps, il est bien difficile de prédire le temps : il peut faire chaud, même très chaud, mais les gelées ne sont jamais loin. Fabriquez-vous un cadre en tasseaux un peu plus grand que votre carré. Fixez dessus quelques arceaux en tube de plastique et recouvrez de voile de forçage agrafé sur le bois. Vous obtenez ainsi une grande cloche de protection facile à manipuler pour couvrir votre carré d'un seul geste, la nuit ou les jours de froid : elle protégera vos jeunes semis notamment sensibles aux gelées nocturnes.

Calendrier des récoltes

Les récoltes ont lieu entre avril et juin.

Façon « grand-mère »

Les jardins de grands-mères affichent un joyeux fouillis coloré et parfumé ! Dans votre carré de potager, il est facile de recréer cette atmosphère bon enfant en juxtaposant les légumes comme cela vous chante. Plus il y aura de mélange, plus ce sera réussi et plus votre assiette sera variée !

Faites votre choix

Espèces conseillées	Quantités pour un carré de 30 à 35 cm
Chou pommé	1 à 2 plants selon les variétés et leur ampleur
Laitue pommée ou à couper ('Salad Bowl Red', 'Lollo Rossa'...)	3 à 4 plants
Tomate	1 plant
Bette à cardes	1 plant
Concombre ou cornichon	1 plant
Courgette	1 plant
Haricot grimpant	Une dizaine de graines
Courge (potiron, pâtisson, potimarron...)	1 plant
Radis	1/3 de sachet de graines
Piment ou poivron	1 plant
Aubergine	1 plant

! Astuce !

Les bordures en plessis de branchages divers et les planches brutes s'accordent bien avec ce fouillis coloré. Il existe des modules de bordures en osier ou en châtaignier prêtes à poser. Ces bordures naturelles ont une durée de vie courte, de 2 à 5 ans selon le degré d'humidité de votre terre.

➔ *Les modules de bordure en osier tressé vont bien avec le style « grand-mère ».*

Chacune à la bonne place

Ce n'est pas la quantité qui est recherchée ici, mais la variété. Cultivez, quand la place vous le permet, deux légumes différents par carré. Ce qui compte, c'est que tout s'entremêle même si cela complique un peu la récolte. Ne cherchez même pas à mettre les grands légumes au centre ou sur les côtés : abolissez toute symétrie !

Et n'oubliez pas les fleurs : vous pouvez semer parmi les légumes un mélange de fleurs annuelles à la volée afin de compléter la composition avec fantaisie.

Par ailleurs, il s'agit du carré le plus facile à désherber, car la place est vite occupée par les différents légumes, chassant les mauvaises herbes éventuelles.

Calendrier des interventions

Le début du printemps sera consacré à la plantation, au semis éventuel de tous les légumes et au désherbage.

À partir de la mi-mai, semez les fleurs et plantez les légumes les plus frileux (courges, courgettes, piments...).

Début juin, réalisez un paillage avec une bonne couche de compost après un arrosage copieux.

L'été sera consacré aux récoltes et à quelques arrosages ponctuels pour les légumes les plus assoiffés.

Les bonnes associations

Cultiver...	... en association avec
Aubergine	Mesclun, piment
Bette à cardes	Radis, laitue en pourtour
Chou pommé	Laitue à couper, radis
Concombre ou cornichon	Haricot grimpant (pour partager leur support), laitue, radis
Courge (potiron, pâtisson, potimarron...)	Haricot grimpant (ombre bénéfique en été), chou d'été
Courgette	Haricot grimpant (ombre bénéfique en été), chou d'été
Haricot grimpant	Courge
Laitue pommée ou à couper ('Salad Bowl Red', 'Lollo Rossa'...)	Concombre (ombre bénéfique en été), radis
Piment ou poivron	Aubergine, tomate
Radis	Laitue, persil, haricot grimpant, épinard
Tomate	Basilic, persil, mâche

Calendrier des récoltes

Les récoltes se concentrent pour l'essentiel à la période estivale.

← Voici une ambiance de jardin d'autrefois grâce à ce mélange de fleurs et de légumes.

Potager pour paresseux

Il n'y a aucune honte à s'adonner à la paresse. La détente est une des meilleures parades au stress quotidien de la vie moderne. Concevez votre potager avec un minimum d'entretien. Optez pour les légumes que l'on qualifie de « perpétuels » parce qu'ils peuvent rester à la même place entre 3 et 5 ans de suite. Ainsi n'aurez-vous pas à prévoir une mise en place de votre potager chaque année. Par ailleurs, l'entretien se réduit au strict minimum. De quoi vous laisser vous adonner au farniente tout en dégustant des légumes de votre production !

Faites votre choix

Espèces conseillées	Quantités pour un carré de 30 à 35 cm
Ail rocambole	3 à 4 plants
Oignon de Catawissa	3 à 4 plants
Poireau perpétuel	3 à 4 plants
Oseille	2 à 3 plants
Fraisier (variété remontante)	2 à 3 plants
Rhubarbe	1 plant
Sarriette	2 plants
Thym	2 plants
Ciboulette	3 plants

Chacune à la bonne place

Il est préférable de placer la rhubarbe, l'oseille et le fraisier sur les bords du carré. Ainsi, ils pourront déborder de leur espace sans empiéter sur celui des autres plantes.
La rhubarbe étant de haute stature, placez-la du côté nord de votre carré afin qu'elle ne fasse pas d'ombre à ses voisines.
Les autres candidates à ce carré se placent à votre convenance.

! Astuce !
Choisissez des fraisiers à fleurs roses et de l'oseille pourpre pour un décor plus coloré !

➔ Les légumes vivaces ici regroupés (fraisiers, oseille…) demandent peu d'entretien.

Calendrier des interventions

Outre la plantation printanière la première année, comptez une intervention au début du printemps pour limiter chaque espèce au carré qui lui est imparti. N'hésitez pas à arracher les jeunes plants qui envahissent les carrés voisins. Divisez l'oseille ou la ciboulette qui deviennent trop touffues. Désherbez et paillez avec une bonne couche de compost. Dès que les fleurs de rhubarbe pointent, coupez-les.
Durant l'été, l'arrosage peut s'avérer salutaire pour la rhubarbe, l'oseille, les fraisiers s'il fait sec. En fin de floraison, taillez le thym et la sarriette.
Mais patientez jusqu'au mois de septembre pour diviser la rhubarbe qui devient trop imposante.

Calendrier des récoltes

Entre mai et juin, puis d'août aux gelées : fraises (variétés remontantes).

De juin aux gelées : ail rocambole, oignon de Catawissa, ciboulette.

Presque toute l'année (sauf en hiver) : oseille, poireau perpétuel.

En juin, puis en septembre : rhubarbe.

➔ *Les fleurs de tulbaghia, en rose, parfaites pour décorer les salades estivales, ont une délicate saveur d'ail.*

Un carré « déco »

Esthète avant tout, vous recherchez dans le carré potager comme ailleurs l'harmonie des couleurs, le contraste des formes, une émotion artistique... Légumes et herbes aromatiques ne vous décevront pas ! Associés à des fleurs annuelles aussi saisonnières qu'eux, ils forment des compositions qui ne manquent pas de panache.

Faites votre choix

Espèces conseillées	Quantités pour un carré de 30 à 35 cm
Chou de couleur ou chou frisé	1 à 2 plants selon les variétés et leur ampleur
Laitue à couper ('Salad Bowl Red', 'Lollo Rossa'...)	1 à 2 plants
Bette à cardes colorées	Quelques graines
Haricot grimpant « beurre », violet ou 'D'Espagne' (sur tuteurs en tipi ou tout autre support décoratif)	Une dizaine de graines
Aneth vert tendre ou fenouil bronze	1 plant
Fève	8 à 10 graines

➔ *Les choux frisés à la tige forte maintiennent avec souplesse le fenouil et les cosmos.*

Chacune à la bonne place

L'idéal est d'associer un légume à la stature imposante sur une structure, comme le chou frisé, les fèves ou les haricots grimpants, à d'autres plus près du sol et qui donnent une sensation de tapis, comme les laitues à couper, les bettes ou des fleurs comme les tagètes. Des plantes vaporeuses, tels le cosmos, l'aneth ou le fenouil, apportent une touche de raffinement à l'ensemble.

! Astuce !

Cosmos, souci, lavatère annuelle, bourrache... Les fleurs simples font le charme de votre potager ! Préférez les variétés annuelles qui vivront au même rythme que les légumes. Elles se sèment sur place, entre vos légumes : ne leur réservez pas un carré en particulier.

🡐 Les bettes, avec leurs nervures colorées parfois même de couleurs très vives, « assurent » au niveau « déco » !

Selon le style de votre jardin, vous avez le choix entre :

– Une disposition en « pyramide », champêtre, avec les végétaux les plus hauts au centre et les plus petits au pourtour du carré. Les espèces vaporeuses, éparpillées un peu partout, feront le lien entre les deux parties. Attention, la taille de votre carré doit rester raisonnable pour que la récolte des légumes situés au centre reste facile.

– Une composition façon « jardin à la française » avec des plantes hautes et des plantes vaporeuses aux angles, les plus basses occupant le centre. Cette disposition a l'avantage de rendre l'ensemble du carré plus accessible lors des diverses interventions.

Calendrier des interventions

Outre la plantation printanière, vous sèmerez également des fleurs annuelles sur place (cosmos, souci, capucine, œillet d'Inde...). Durant le printemps, en juin, désherbez et paillez avec une bonne couche de compost. Durant l'été, l'arrosage peut s'avérer salutaire, surtout pour prolonger les floraisons. Si vous optez pour le fenouil bronze, sachez qu'il est vivace et restera donc en place plusieurs années. Coupez le feuillage au ras du sol au tout début du printemps.

Calendrier des récoltes

À partir de mai : laitues, aneth, fenouil.

De juillet à septembre : haricots, laitues (voire un peu avant pour ces dernières).

De juin au printemps suivant : chou frisé.

À partir d'août : bettes.

Juin ou septembre-octobre : fèves.

Parfums gourmands

Indispensables parfums pour agrémenter la cuisine, les herbes aromatiques se prêtent parfaitement à la culture en carré. Ne dit-on pas communément un «carré d'aromatiques» ? Et leurs silhouettes, leurs textures et leurs couleurs variées vous permettent de satisfaire votre créativité.

Faites votre choix

Espèces conseillées	Quantités pour un carré de 30 à 35 cm
Sauge (pourpre, panachée, tricolore...)	1 plant selon les variétés et leur ampleur
Basilic (à grandes et petites feuilles, pourpre...)	1 à 2 plants
Fenouil bronze	1 plant
Aneth	Quelques graines
Thym (citron, laineux...)	1 plant
Romarin	1 plant
Origan (doré, panaché de jaune ou de blanc...)	1 plant
Persil (frisé ou plat)	1 à 2 plants
Ciboule et ciboulette	1 à 2 plants

Chacune à la bonne place

Les herbes aromatiques sont récoltées souvent (et même en hiver) un brin par-ci, un brin par-là. Choisissez l'emplacement de votre carré afin que celui-ci vous soit facilement accessible, donc à proximité de la cuisine.
Sachez également que, dans l'ensemble, les herbes aromatiques sont plutôt des plantes de soleil et de chaleur. Heureusement, il existe quelques aromatiques qui s'accommodent d'un peu d'ombre : menthes, livèche (ou céleri perpétuel), mélisse (panachée de jaune, plus lumineuse), persil (dans les régions aux étés chauds surtout), raifort... Elles seront ainsi une belle façon de garnir un tel endroit qui n'est guère prisé par les légumes.

Laurier sauce et laurier noble

Vous pouvez installer un laurier sauce ou laurier noble dans votre carré d'aromatiques. Préférez les formes structurées en cône ou en boule sur tige, à la fois décoratives et dont le développement est maîtrisé par la taille, indispensable pour la culture en carré.

Préférez les bordures basses qui permettront aux espèces rampantes (thym, origan...) de s'étaler un peu au-delà.
Mis à part le persil, l'aneth et le basilic, les autres aromatiques sont en place pour plusieurs années. Installez les aromatiques qui se renouvellent chaque année à des emplacements accessibles pour faciliter le semis ou la plantation.

Calendrier des interventions

La première année, soignez la plantation printanière, surtout celle des espèces qui resteront en place plusieurs années.
Veillez à ce que votre semis d'aneth demeure bien humide jusqu'à l'apparition des premières feuilles.
Optez pour le basilic et le persil en godet, car leur germination sur place est difficile.
En cours d'été, après la floraison, tous les ans, taillez le thym, le romarin, les sauges, l'origan..., afin de leur conserver une silhouette compacte.
Chaque automne, paillez l'ensemble avec une bonne couche de compost, y compris les carrés vides, libérés par l'arrachage des plantes annuelles.
Divisez chaque fois que nécessaire (touffes trop imposantes) la sauge, la ciboule, la ciboulette, le fenouil et l'origan.

Calendrier des récoltes

Presque toute l'année : thym, laurier, romarin, sauge.

De juin à octobre : basilic, aneth, fenouil.

D'avril aux grosses gelées : persil, origan, ciboule et ciboulette.

← Sauge tricolore.

→ Un arrosage par tuyau suintant est discret et apporte l'eau au pied des plantes comme ici.

SAUGE

Ambiance exotique

Pour apporter un peu d'exotisme à votre potager, vous pouvez y glisser quelques légumes des tropiques qui sont capables de pousser chez nous en été. Osez également jouer sur les sensations visuelles avec des plantes de haute stature, comme l'angélique, ou à feuillage large, comme la rhubarbe. N'hésitez pas à mettre en place des végétaux non alimentaires et à profiter de la haute silhouette rougeoyante du ricin en fleurs pour donner un petit air d'ailleurs à votre carré. Accentuez le contraste de taille en l'entourant de légumes nettement plus bas, telles des bettes aux cardes écarlates à l'unisson.

Faites votre choix

Espèces conseillées	Quantités pour un carré de 30 à 35 cm
Patate douce	1 tubercule (support nécessaire)
Cacahuète	1 à 2 plants
Amarante	1 à 2 plants
Angélique	1 plant
Artichaut	1 plant
Fève	Une dizaine de graines
Chayotte	1 plant

Chacune à la bonne place

Installez votre carré dans un endroit bien ensoleillé, chaud et à l'abri des courants d'air : un angle de mur de pierres plein sud, par exemple. Vous pouvez aussi l'implanter au pied d'une haie (1 à 1,20 m de haut), qui lui servira de brise-vent si elle est placée côté nord ou est du carré. Vous éviterez ainsi une ombre trop importante.

Placez le ou les carrés consacrés aux plantes spectaculaires au centre.

Prévoyez des supports solides et hauts pour les patates douces au feuillage exubérant.

Ajoutez des plantes non alimentaires pour accentuer la touche exotique : préférez les plantes annuelles à grand développement qui ne vous gêneront pas dans l'entretien de votre carré et vous permettront de le renouveler chaque année (ricin, maïs ornemental, tournesols géants, verveine de Buenos Aires, canna, grand dahlia...).

Le ricin étant une plante assez toxique, placez-le au centre du carré pour éviter de le toucher par inadvertance.

Calendrier des interventions

Attendez la mi-mai pour planter les légumes frileux au jardin (cacahuète, patate douce, amarante, chayotte...). La fève, l'angélique et l'artichaut peuvent être plantés au début du printemps.

Désherbez et paillez au cours du mois de juin avec une bonne couche de compost pour que la terre reste humide et pour éviter la formation d'une croûte dans ces endroits bien ensoleillés.

Durant l'été, l'arrosage peut être salutaire. Après la récolte, arrachez, griffez et paillez de nouveau avec une couche de compost.

Calendrier des récoltes

Les récoltes se concentrent de juin-juillet à septembre.

↓ *La bordure de buis taillé, qui ferme le carré, est ici soulignée par une structure de bambou sur laquelle courent concombres et cornichons.*

Accord monovariétal

Cultiver la même variété dans un même carré permet de souligner les contours géométriques de ce dernier. Choisissez des légumes décoratifs que vous appréciez particulièrement, car la récolte sera abondante. Si vous avez de la place, installez plusieurs carrés de ce type : ils donneront un effet de damier qui s'accorde bien avec l'esprit des jardins contemporains.

Faites votre choix

Espèces conseillées	Quantités pour un carré de 1 m de côté
Chou rouge ou de Chou de Milan	9 à 10 plants selon les variétés et leur ampleur
Laitue à couper ('Salad Bowl Red', 'Lollo Rossa'...)	15 à 16 plants
Bette à cardes blanches ou colorées	9 à 10 plants
Chou-fleur	9 à 10 plants
Oseille notamment en version pourpre	Une douzaine de plants
Carotte	1 sachet de graines
Épinard	1 sachet de graines
Mâche	1 sachet de graines
Mesclun	1 sachet de graines

➔ Le plessis d'osier tressé est séparé de la pelouse par une rangée de pavés, ce qui facilite la tonte et éviter de couper les bordures à la cisaille à main.

Chacune à la bonne place

Chou rouge, chou de Milan, bette à cardes, chou-fleur, oseille, carotte... : vous avez le choix ! Mais préférez les légumes qui ne poussent pas trop en hauteur pour que l'effet de damier soit bien net vu du dessus.

N'hésitez pas à planter un peu plus serré qu'à l'accoutumée pour masquer la surface de la terre.

Pour une disposition harmonieuse, placez les plants en quinconce les uns par rapport aux autres d'une rangée à l'autre. Optez pour des carrés de 1 m de côté au maximum pour éviter des récoltes surabondantes. Pour diversifier vos récoltes, prévoyez plusieurs carrés monovariétaux, les uns à côté des autres. Vous obtiendrez ainsi un effet damier toujours esthétique.

Juxtaposez dans vos divers carrés des légumes à la couleur et à la texture de feuillage différentes, telles la dentelle aérienne des feuilles de carottes, la pomme gaufrée des choux de Milan ou bien la pomme lisse et brillante des choux rouges.

Calendrier des interventions

Il est facile d'entretenir un carré consacré à une seule variété de légume : vous n'avez que ses exigences à satisfaire. Le rythme des interventions suivra les grandes étapes de la culture du légume choisi (voir pp. 50 à 63).

Calendrier des récoltes

Choisissez des légumes aux récoltes étalées comme les choux, la mâche, les épinards ou les chicorées, qui se cueillent en hiver à un moment où les végétaux évoluent peu.

Les bettes, qui se récoltent feuille à feuille, offrent également une période de récolte très longue du cœur de l'été aux gelées, voire davantage dans les régions aux hivers doux. Au printemps, optez pour les laitues et le mesclun à croissance rapide après le semis. Si vous disposez de plusieurs carrés, installez-y des variétés de légumes à récoltes étalées : par exemple des laitues pour le printemps, des bettes pour l'été et l'automne, des choux, de la mâche ou des épinards pour l'hiver.

↓ Bien que les bettes à cardes colorées soient plus prisées pour le décor, celles plus classiques à nervures blanches sont aussi élégantes, surtout à contre-jour, quand le soleil met en valeur leurs nuances.

Carré mosaïque

En utilisant des espèces basses à la silhouette relativement compacte, comme les laitues, il est possible de composer votre carré de potager comme un tapis. Les divers légumes aux couleurs variées vous aideront à composer un motif à votre goût.

Faites votre choix

Espèces conseillées	Quantités pour un carré de 30 à 35 cm
Choux d'été ou d'hiver	1 à 2 plants selon les variétés et leur ampleur
Laitues diverses	1 à 2 plants
Carotte	15 à 20 graines
Radis	1/3 de sachet de graines
Betterave	15 à 20 graines
Cerfeuil	1/3 à 1/2 sachet de graines
Persil frisé ou plat	2 à 3 plants
Basilic pourpre	1 à 2 plants
Épinard	1/3 de sachet de graines
Mâche	1/3 de sachet de graines
Roquette	1/3 de sachet de graines

Chacune à la bonne place

Consacrez chaque subdivision de votre carré à un type de légume unique et plantez serré pour créer un véritable effet de mosaïque : la terre doit disparaître sous la végétation. Juxtaposez des légumes de couleurs différentes. Jouez également sur la forme des feuillages : les feuilles de dentelle des carottes contrasteront agréablement avec des laitues pommées ; le feuillage frisé et vert du persil trouvera un écho dans celui rougeoyant de la laitue 'Lollo Rossa'...

!Astuce!

Pour bien individualiser votre composition et éviter que les plantes du pourtour ne gomment la géométrie en s'étalant sur les bords, prévoyez des bordures hautes et un niveau du sol à l'intérieur du carré à au moins 5 à 6 cm sous le bord de ce dernier.

Calendrier des interventions

Ce type de carré est en perpétuel mouvement, certaines espèces comme les radis, le cerfeuil ou la roquette ayant des durées de vie courtes. Il vous faudra renouveler régulièrement semis et plantation pour maintenir la végétation de certains carrés.
À partir de la fin du mois de juillet, pensez à installer les légumes d'hiver : choux, mâche ou épinards.
Durant l'été, l'arrosage peut s'avérer salutaire pour l'ensemble du carré.
Après chaque récolte, avant un nouveau semis ou une nouvelle plantation, griffez la terre en surface.

Calendrier des récoltes

D'avril-mai aux gelées : radis, persil, cerfeuil.

Presque toute l'année (sauf en hiver) : choux et laitues diverses.

De juin aux gelées : roquette, basilic, carotte, betterave.

De septembre à mars : mâche, épinard.

← *Il est facile de faire des effets de couleurs avec les laitues aux feuilles très diverses.*

↗ *Jeunes plants de laitue 'Feuille de chêne blonde' et 'Feuille de chêne pourpre'.*

→ *L'ache des montagnes, élancée, apporte un peu d'ombre bienfaitrice aux laitues en été.*

Brise marine

En matière végétale, le bleu-gris et le blanc évoquent le bord de mer. Ici, les poireaux arborent un bleu-gris très lumineux. Le mauve clair des asters et le blanc des dahlias leur font écho, rassemblés dans des carrés voisins.

Faites votre choix

Espèces conseillées	Quantités pour un carré de 30 à 35 cm
Chou d'hiver ou chou rouge	1 à 2 plants
Poireau	5 à 6 plants
Sauge officinale	1 plant
Chou palmier	1 plant
Artichaut ou cardon	1 plant pour 4 carrés

Des fleurs en harmonie

À la silhouette un peu raide des poireaux, mariez des plantes hautes et plutôt souples comme, en blanc, les cléomes, les cosmos, les grands tabacs blancs, les petits dahlias cactus ; les pieds d'alouette au bleu azur ; les asters en blanc ou mauve.

Chacune à la bonne place

Pour renforcer l'effet de la couleur, il est préférable de consacrer la majeure partie du carré de potager, à ces légumes «bleus». Plantez un peu plus serré que conseillé afin d'obtenir cet effet de couleur.
Pensez à disposer aux alentours des fleurs blanches ou des végétaux panachés d'ivoire et des fleurs bleues.
Faites varier les silhouettes pour créer un effet de damier en alternant des choux pommés et des poireaux d'un carré à l'autre.

Calendrier des interventions

Tout dépend du ou des légumes cultivés : ses besoins guideront vos actions.

Calendrier des récoltes

Les poireaux et la sauge peuvent se récolter toute l'année si vous étalez la période de plantation. Les choux, les artichauts et les cardons se récoltent davantage de l'été à l'hiver.

➔ *Dahlias cactus blanc et asters mauves servent de toile de fond aux poireaux : ils sont plantés dans des carrés séparés.*

Carré du collectionneur

L'amateur de végétaux trouvera dans la gamme des légumes quelques familles qui donnent matière à collection, telles les tomates, les choux ou les courges. Les juxtaposer en un même carré mettra en valeur leurs différences et la richesse des variations végétales.

Faites votre choix

Espèces conseillées	Quantités pour un carré de 30 à 35 cm
Chou	1 plant
Chou-fleur et brocoli	1 plant
Courge (en tout genre y compris les courgettes)	1 plant
Piment et poivron	1 à 2 plants
Tomate	1 plant

Chacune à la bonne place

Placez chaque plant bien au centre de son carré. N'hésitez pas à recourir au cordeau pour bien aligner les plants d'une même rangée. La symétrie et la régularité de la disposition traduisent bien l'idée de collection. Ces légumes étant annuels, vous pourrez faire varier votre collection chaque année. Cela est même recommandé sur un même carré : évitez de cultiver deux années de suite le même type de légumes.

Pour cultiver des variétés rares dans l'esprit d'une collection, il est bien souvent nécessaire de pratiquer le semis. Il se fera en caissette à placer au chaud ou à l'abri dehors. Comptez un rempotage en godet pour chaque plant afin de le fortifier avant sa plantation à sa place définitive.

Mariez bien les couleurs...

Tenez compte des couleurs de chaque variété pour lui trouver sa place : mélangez les couleurs de manière harmonieuse. Par exemple, ne plantez pas toutes les tomates rouges au même endroit. Choisissez la nature du paillage en fonction de cet effet décoratif : les choux, les piments et les poivrons sont plus en valeur sur la blondeur d'un paillis de chanvre ; les tomates et les courges ressortent davantage sur un fond sombre comme un paillis de fibres de coco ou de compost (ces gourmandes adorent !).

➔ *Dans un carré de collectionneur, la diversité fait la beauté : plantez régulièrement sans fantaisie.*

Calendrier des interventions

Si les choux d'hiver (choux cabus et choux de Milan) se plantent en début d'été (juin ou juillet), les autres légumes cités se mettent en place au printemps, après les gelées. Vous pouvez même en planter une partie au printemps et une autre en été afin d'étaler les récoltes et ainsi déguster du chou presque toute l'année.

Le paillage en juin est fortement recommandé pour la plupart de ces légumes. Seuls les choux peuvent s'en passer.

Un bon apport de compost est nécessaire à l'automne et parfois un peu aussi au printemps si vous souhaitez cultiver des légumes gourmands comme les tomates, les piments, les poivrons et les courges.

Calendrier des récoltes

De juillet à septembre : courgettes, choux-fleurs, brocolis, tomates, piments et poivrons.

Octobre : courges d'hiver et potirons.

Une bonne partie de l'année : choux.

portraits des légumes

Ail rocambole

Plantation : février à mars, ou octobre à novembre.

Récolte : juillet aux gelées.

Exposition : soleil.

Sol : meuble, perméable, même humide.

Arrosage : aucun.

Pour 1 carré de 30 cm de côté : 3 à 4 plants.

Production : 8 à 10 gousses d'ail par pied.

À découvrir : pas d'autre variété.

Amis : betterave, fenouil, fraisier, laitue, pomme de terre, tomate.

Ennemis : légumineuses (fèves, haricots et pois).

Culture : vivace, l'ail rocambole occupe un carré pour 3 à 5 ans. Plantez des plants ou des bulbilles récoltées sur l'ail déjà en place, espacés de 10 à 12 cm, la pointe vers le haut, à 1 à 2 cm de profondeur. Lorsque les tiges portent des bulbilles bien renflées à leur extrémité, récoltez-les délicatement au fur et à mesure de vos besoins, sans faire tomber leurs voisines ni plier les tiges.

Aubergine

Plantation : mai à juin.

Récolte : août à octobre.

Exposition : soleil, à l'abri du vent.

Sol : riche et pas trop sec.

Arrosage : abondant.

Pour 1 carré de 30 cm de côté : 2 à 3 plants.

Production : 10 à 30 aubergines par pied.

À découvrir : 'De Barbentane', 'Ronde de Valence', 'D'Avignon Hâtive', aubergine à fruits blancs («plante aux œufs»).

Amis : haricot nain.

Ennemis : aucun.

Culture : vu le nombre restreint de plants par carré, préférez au semis la plantation de jeunes plants dans des trous remplis de compost. Au nord de la Loire, lorsque l'aubergine a 2 fleurs (juin), coupez l'extrémité de la tige au-dessus de la 2e fleur. Un mois plus tard, coupez tous les rameaux à 1 à 2 feuilles au-dessus de chaque première fleur épanouie. Cueillez, selon vos besoins, quand les aubergines sont bien colorées et souples, en coupant leur pédoncule épineux au sécateur.

Bette à cardes (poirée)

Semis : avril à mai.

Récolte : juillet à octobre-novembre.

Exposition : soleil.

Sol : riche et pas trop sec en été.

Arrosage : abondant.

Pour 1 carré de 30 cm de côté : 2 plants.

Production : 3 à 5 kg de feuilles par plant.

À découvrir : 'Blonde à carde blanche de Lyon', 'Bright Lights' (rouge), 'Bright Yellow' (jaune), 'Verte à carde blanche d'Ampuis'.

Amis : carotte, chou-rave, haricot nain, navet, radis.

Ennemis : poireau.

Culture : semez par 2 ou 3 groupes de 2 à 3 graines par carré. Lorsque les jeunes plants ont 4 à 5 feuilles, éliminez les plus faibles pour ne garder qu'un plant robuste dans chaque groupe. Dès juillet, quand les feuilles du pourtour ont atteint leur complet développement, récoltez feuille à feuille, selon vos besoins, jusqu'aux gelées, en cassant les côtes à la base. Dans les régions clémentes, la récolte peut se prolonger tout l'hiver.

Betterave

Semis : avril à mi-juin.

Récolte : juillet à novembre.

Exposition : soleil.

Sol : riche et léger.

Arrosage : modéré.

Pour 1 carré de 30 cm de côté : 4 à 5 plants.

Production : 5 à 6 betteraves par carré.

À découvrir : 'De Détroit', 'Noire d'Égypte', 'Crapaudine', 'Rouge Globe'.

Amis : aneth, chou-rave, haricot nain, laitue, oignon, sarriette.

Ennemis : épinard.

Culture : 15 jours avant le semis, mélangez de la cendre ou des tourteaux de ricin (environ 10 g/m^2) à la terre en place pour l'enrichir en potassium et phosphore. Après la fin des gelées printanières dans votre région, semez 2 à 3 graines tous les 20 cm dans des sillons de 1 à 2 cm de profondeur. Un mois et demi plus tard, lorsque les plants ont 4 à 5 feuilles, gardez le plant le plus vigoureux de chaque groupe. Dès juillet, récoltez au fur et à mesure de vos besoins en soulevant délicatement avec la fourche-bêche avant d'arracher à la main.

Carotte

Semis : mars à juillet.

Récolte : juillet à novembre.

Exposition : soleil.

Sol : bien ameubli, riche et pas trop sec en été.

Arrosage : régulier en été.

Pour 1 carré de 30 cm de côté : une douzaine de plants.

Production : une douzaine de carottes par carré.

À découvrir : 'Marché de Paris' (très courte), 'De Guérande' (courte), 'De Chantenay' (demi-longue), 'Lisse de Meaux' (longue), 'De Colmar' (longue).

Amis : ail, échalote, laitue, oignon, poireau, pois, radis, romarin, salsifis, sauge, tomate.

Ennemis : aneth, pomme de terre.

Culture : entre mars et juillet, semez en sillons peu profonds à plusieurs reprises et à 2 à 3 semaines d'intervalle. Les graines de carottes fixées sur des rubans facilitent la tâche du néophyte. Un peu de marc de café sec au fond du sillon éloigne bon nombre de parasites. Lorsque les jeunes carottes mesurent 3 à 4 cm de haut, éliminez les carottes les plus faibles, afin de n'en conserver qu'une tous les 5 à 10 cm selon la grosseur de la variété. Récoltez 3 à 4 mois après le semis en soulevant à la fourche-bêche avant d'arracher à la main.

Chou frisé

Plantation : juin à juillet.

Récolte : novembre à mars.

Exposition : mi-ombre.

Sol : riche, profond et pas trop sec en été.

Arrosage : régulier en été.

Pour 1 carré de 30 cm de côté : 1 plant.

Production : 15 à 20 feuilles par pied.

À découvrir : 'Vert demi Nain du Nord', 'De Westland', 'Noir de Toscane' (appelé aussi chou-palmier).

Amis : haricot, mâche, pois, pomme de terre.

Ennemis : fraisier.

Culture : à la plantation, enterrez le plant jusqu'à la base des feuilles. De fin octobre à mars, récoltez les feuilles des choux frisés en les tirant à leur point d'insertion sur la tige, d'un coup sec vers le bas. Commencez par celles de la base. Les premières gelées rendent les feuilles de chou frisé plus tendres.

Chou pommé

Plantation : juillet à septembre.

Récolte : octobre à février.

Exposition : soleil.

Sol : riche, profond et pas trop sec en été.

Arrosage : régulier en été.

Pour 1 carré de 30 cm de côté : 1 à 2 plants.

Production : 1 à 1,50 kg par pied.

À découvrir :
– Choux de Milan (feuilles gaufrées) : 'Milan de Pontoise', 'Très Hâtif de la Saint-Jean', 'Gros des Vertus'.
– Choux cabus (feuilles lisses) : 'Pointu de Chateaurenard', 'Cœur de Bœuf Moyen de la Halle', 'Très Hâtif de Louviers'.

Amis : betterave, céleri, concombre, haricot nain, laitue, mâche, oignon, pois, pomme de terre, tomate, plantes aromatiques.

Ennemi : fraisier.

Culture : choisissez des plants de chou de moins de 6 feuilles dont le bourgeon central est en bon état. Enterrez-les jusqu'aux premières feuilles sous 1 à 2 cm de terre. Récoltez au fur et à mesure de vos besoins en coupant la tige du chou au ras du sol. Arrachez les restes de végétation.

Concombre

Plantation : mai à juin.

Récolte : juillet à octobre.

Exposition : soleil.

Sol : riche, meuble et toujours humide en été.

Arrosage : abondant.

Pour 1 carré de 30 cm de côté : 1 plant.

Production : 6 à 8 concombres par pied.

À découvrir : 'Vert Long Maraîcher', 'Long Anglais', 'De Russie'.

Amis : céleri, chou, haricot, laitue, oignon, pois, radis, sauge.

Ennemis : pomme de terre, tomate.

Culture : creusez un trou de 15 à 20 cm de diamètre et de profondeur, remplissez de compost décomposé et plantez le jeune concombre dedans. Guidez-le vers son support au début. Pour accélérer la maturité, au nord de la Loire, coupez la tige principale au-dessus de la 3e ou 4e feuille à partir de la base. Coupez ensuite toutes les ramifications au-dessus de la 2e ou 3e feuille à partir de leur base. À partir d'août, cueillez les concombres lorsque leur extrémité s'arrondit et que leur teinte pâlit. N'attendez pas qu'ils jaunissent, ils seront amers.

Courgette

Semis : avril à mai.

Plantation : mai à juin.

Récolte : juillet à septembre.

Exposition : soleil.

Sol : léger et riche.

Arrosage : régulier en été.

Pour 1 carré de 30 cm de côté : 1 plant.

Quelle production : une dizaine de courgettes par pied.

À découvrir : 'De Nice à fruit rond', 'Black beauty', 'Blanche non Coureuse'.

Amis : chou, haricot à ramer, maïs sucré.

Ennemis : pomme de terre.

Culture : en avril (Midi) ou mai (nord de la Loire), creusez au centre du carré un trou de 20 cm de côté et de profondeur, et remplissez-le de compost. Enfoncez 2 à 3 graines à 1 cm de profondeur et gardez humide jusqu'à l'apparition des premières feuilles, 15 jours plus tard. Sélectionnez alors le plant le plus vigoureux et arrachez les autres. À partir de mai, vous pouvez aussi planter dans les mêmes conditions un jeune plant. Arrosez dès la formation des fruits sans mouiller le feuillage. Récoltez les courgettes en coupant la moitié de leur pédoncule quand elles atteignent 15 à 20 cm de long (variétés longues) ou 8 à 10 cm de diamètre (variétés rondes).

Cresson alénois

Semis : mars à septembre.

Récolte : avril à octobre.

Exposition : soleil (automne), mi-ombre (printemps et été).

Sol : pas trop sec en été.

Arrosage : régulier en été.

Pour 1 carré de 30 cm de côté : 1/3 de sachet de graines.

Production : un grand saladier de feuilles par carré en plusieurs récoltes.

À découvrir : 'Alénois commun', 'Alénois à feuilles larges', 'Alénois frisé'.

Amis : carotte, persil, pomme de terre, radis.

Ennemis : aucun.

Culture : pour une production régulière, vous pouvez renouveler le semis 1 fois par mois en changeant de carré si possible. Semez en sillons peu profonds, espacés de 15 cm les uns des autres. Quand les plants ont 4 à 5 feuilles, éliminez les plus faibles pour n'en conserver qu'un tous les 3 cm. Dès que les feuilles atteignent 6 à 8 cm de haut, coupez au ras du sol avec des ciseaux au fur et à mesure de vos besoins. Une fois récolté, le cresson doit se consommer rapidement.

Épinard

Semis : mi-août à septembre.

Récolte : novembre à mars.

Exposition : mi-ombre.

Sol : lourd (argileux), riche, pas trop acide et pas trop sec en été.

Arrosage : modéré.

Pour 1 carré de 30 cm de côté : 1/3 de sachet de graines.

Production : un plat pour 3 à 4 personnes par carré.

À découvrir : 'Géant d'Hiver', 'Monstrueux de Viroflay'.

Amis : céleri, chicorée, chou, fève, fraisier, haricot, laitue, pois.

Ennemis : aucun.

Culture : après un léger griffage – l'épinard n'aime pas les sols trop ameublis –, incorporez une poignée de compost décomposé à l'emplacement destiné aux épinards. Semez en sillons profonds de 1 cm. Lorsque les plants ont 3 à 4 feuilles, éliminez les plus faibles pour n'en garder qu'un tous les 10 cm. Lorsque les épinards ont 6 à 7 feuilles, récoltez en coupant le pétiole des feuilles les plus développées le plus près possible de la base.

Fève

Semis : février à mars, mi-juillet à mi-août.

Récolte : juin (semis de printemps), septembre à octobre (semis d'été).

Exposition : soleil.

Sol : consistant (argileux) et pas trop riche.

Arrosage : modéré.

Pour 1 carré de 30 cm de côté : 3 à 4 plants.

Production : une dizaine de gousses par pied.

À découvrir : 'D'Alguadulce à très longues gousses', 'De Séville à longues cosses', 'Précoce d'Aquitaine', 'Trois fois blanche'.

Amis : artichaut, céleri, laitue, maïs, navet, pomme de terre.

Ennemis : ail, échalote, oignon.

Culture : la veille du semis, faites tremper les graines dans de l'eau tiède pour accélérer la germination. Enfoncez une graine dans la terre à chaque angle du carré, à 2 cm de profondeur. Lorsque les fèves ont 20 à 30 cm, remontez la terre au pied des fèves sur 15 cm de haut. Quand les fleurs sont formées, coupez le haut de la tige au-dessus de la 5e ou 7e fleur en partant de la base pour accélérer la maturation. À partir de juin, cueillez les gousses encore vertes et bosselées par les graines à l'intérieur. Celles du bas sont mûres les premières. Une fois toutes les gousses ramassées, arrachez et brûlez les restes de fève.

Fraisier

Plantation : mars ou septembre à octobre.

Récolte : mai à octobre.

Exposition : soleil.

Sol : riche, meuble et frais en été, pas trop calcaire.

Arrosage : moyen.

Pour 1 carré de 30 cm de côté : 2 à 3 plants.

À découvrir :
– Remontantes : 'Sans Rivale', 'Saint Fiacre', 'Bordurella', 'Profusion'.
– Non remontantes : 'Madame Moutot', 'Surprise des halles', 'Talisman'.

Amis : ail, épinard, haricot nain, laitue, oignon, poireau, radis, thym.

Ennemis : chou.

Culture : éliminez les longues tiges terminées de feuilles que l'on appelle « stolons » dès qu'elles apparaissent sur les fraisiers durant l'été : elles épuisent les plantes.

Haricot

Semis : avril à juin (haricots à écosser) ; avril à fin juillet (haricots verts).

Récolte : juillet à octobre (haricots verts) ; août à octobre (grains demi-secs, à consommer frais) ; septembre à octobre (grains secs pour la conservation).

Exposition : soleil.

Sol : léger, ni trop calcaire ni trop humide.

Arrosage : régulier en été (haricots à filet).

Pour 1 carré de 30 cm de côté : 12 à 15 graines.

Production : 20 à 30 haricots par plante.

À découvrir (variétés à ramer) :
– Mangetout : 'Esmeralda', 'À cosse violette sans fil'.
– À écosser : 'Coco de Prague'.

Amis : aubergine, carotte, chou, concombre, épinard, fraisier, persil, pomme de terre, tomate.

Ennemis : ail, échalote, fenouil, oignon, poireau.

Culture : pour accélérer la germination, faites tremper les graines dans de l'eau la veille du semis. Si la terre est sèche, mouillez-la. Installez des tuteurs en bambou en forme de tipi et placez 2 à 3 graines de part et d'autre de la base de chaque tuteur. 2 mois et demi après le semis, récoltez les haricots mangetout. Ramassez les haricots à écosser lorsque les grains sont bien formés et que les gousses encore vertes s'ouvrent facilement. Pour la conservation, attendez que les gousses soient sèches et parcheminées.

Mâche

Semis : mi-juillet à fin septembre.

Récolte : septembre à mars.

Exposition : soleil à mi-ombre.

Sol : léger, riche et pas trop sec en été.

Arrosage : abondant.

Pour 1 carré de 30 cm de côté : 1 à 3 sachets de graines.

Production : 1 à 2 saladiers pour 3 à 4 personnes par carré.

À découvrir : 'À grosse graine', 'Jade', 'Ronde Maraîchère', 'Verte de Cambrai', 'Coquille de Louviers'.

Amis : carotte, chou, navet, oignon, poireau.

Ennemis : aucun.

Culture : semez en sillons peu profonds (2 graines par carré au maximum). Lorsque les jeunes mâches ont 3 à 4 feuilles, éliminez les plus faibles pour ne conserver qu'un jeune plant tous les 10 cm. Récoltez en coupant les rosettes de mâche au ras du sol avec un couteau au fur et à mesure de vos besoins. Dans les régions froides, couvrez les mâches non récoltées de feuilles mortes afin de poursuivre la récolte même en cas de grands froids.

Navet

Semis : mi-mars à fin avril ; août.

Récolte : mai à juin (semis de printemps) ; novembre (semis d'été).

Exposition : soleil à mi-ombre (été).

Sol : riche, un peu humide en été, acide à neutre et ameubli en profondeur.

Arrosage : modéré.

Pour 1 carré de 30 cm de côté : 1/4 de sachet de graines.

Production : 5 à 7 navets.

À découvrir : 'Demi-long de Croissy', 'Blanc dur d'Hiver', 'Jaune Boule d'Or', 'Des Vertus race Marteau'.

Amis : aneth, carotte, céleri, haricot, laitue, menthe, pois, romarin, tomate.

Ennemis : aucun.

Culture : semez en sillons de 2 à 3 cm de profondeur. Lorsque les plants ont 2 feuilles, éliminez les plus faibles pour n'en conserver qu'un tous les 10 à 20 cm. Lorsque les navets font entre 3 et 6 cm de diamètre, ils sont bons à récolter pour consommation immédiate. Vers la fin octobre, par une journée ensoleillée, arrachez tous les navets à conserver. Laissez sécher sur la terre une journée. Coupez les feuilles avec une rondelle fine de la racine et entreposez en vrac dans du sable en local frais et aéré.

Oignon perpétuel (oignon de Catawissa)

Plantation : octobre à novembre ; fin février à fin mars.

Récolte : juin aux gelées.

Exposition : soleil et chaleur.

Sol : léger, pas trop riche.

Arrosage : aucun.

Pour 1 carré de 30 cm de côté : 3 à 4 bulbilles.

Production : 10 à 15 bulbilles par plante.

À découvrir : oignon rocambole vivace.

Amis : betterave, carotte, fraisier, laitue, tomate.

Ennemis : fève, haricot, pois.

Culture : vivace, l'oignon perpétuel occupe un carré pendant 3 à 5 ans. Dans un terrain ameubli en profondeur et bien affiné, enfoncez, avec le doigt, 4 bulbilles dans la terre, la pointe vers le haut, cette dernière affleurant la surface aux 4 angles du carré. Dès que les bulbilles sont bien renflées au sommet des tiges, prélevez-les : leur base se détache facilement à la main. Jusqu'aux gelées, récoltez au fur et à mesure de vos besoins, puis prélevez toutes les bulbilles avant les premières gelées pour les conserver tout l'hiver dans un endroit sec et frais (12 à 15 °C). En automne, incorporez au sol une couche de compost décomposé.

Oseille

Plantation : mars à avril.

Récolte : à partir du mois de juin qui suit la plantation ; mai à octobre les années suivantes.

Exposition : soleil.

Sol : frais en été, riche et léger.

Arrosage : régulier en été.

Pour 1 carré de 30 cm de côté : 3 à 4 plants.

Production : 4 à 5 bottes de feuilles par carré en plusieurs récoltes.

À découvrir : 'Large de Belleville', 'Blonde de Lyon', 'Pourpre'.

Amis : pas d'affinités particulières.

Ennemis : aucun.

Culture : vivace, l'oseille reste en place au moins 3 ans, puis il faut la déplacer dans un autre carré. Disposez un plant dans chaque angle du carré ou en triangle si vous n'en plantez que trois. Protégez contre les limaces et les escargots avec un film de paillage répulsif. Chaque printemps, l'oseille apprécie un bon paillage avec du compost. Récoltez en coupant au couteau au ras du sol les feuilles les plus âgées, les plus développées (celles de la périphérie).

Piment et poivron

Plantation : mai à juin.

Récolte : juillet à octobre.

Exposition : soleil.

Sol : riche, léger et toujours un peu humide en été.

Arrosage : abondant.

Pour 1 carré de 30 cm de côté : 2 à 3 plants.

Production : 10 à 12 piments ou poivrons par plant.

À découvrir :
- Piment : 'De Cayenne', 'd'Espelette', 'Sucette de Provence'.
- Poivron : 'Doux Long des Landes', 'Petit Marseillais'.

Amis : aubergine, tomate.

Ennemis : aucun.

Culture : plantez les jeunes plants de piments ou poivrons en triangle, dans des trous remplis de compost. Dans le courant de l'été, lorsqu'une douzaine de fruits sont formés, coupez les branches une feuille au-dessus de chaque fruit afin d'accélérer la maturation. Récoltez les piments lorsqu'ils sont bien colorés. Les poivrons peuvent se cueillir dès qu'ils ont atteint leur taille définitive, quelle que soit leur couleur, verte ou colorée.

Poireau

Plantation : mi-août à septembre.

Récolte : novembre à mars.

Exposition : soleil à mi-ombre (régions très ensoleillées).

Sol : riche, bien ameubli en profondeur et légèrement humide en été.

Arrosage : régulier en été.

Pour 1 carré de 30 cm de côté : 5 à 6 plants.

Production : 5 à 6 poireaux.

À découvrir : 'Gros Long d'été', 'Jaune Gros du Poitou', 'Bleu de Solaise', 'De Carentan'.

Amis : carotte, céleri, fraisier, oignon, tomate.

Ennemis : bette, betterave, haricot, pois.

Culture : on peut cultiver des poireaux en toute saison, mais dans l'espace réduit du potager au carré, privilégiez la récolte hivernale en plantant durant l'été. On trouve alors des poireaux gros comme un crayon, en botte. Avec un couteau, raccourcissez les racines de la moitié de leur longueur et coupez le tiers supérieur des feuilles. Enterrez les jeunes poireaux jusqu'à la naissance des feuilles vertes (sur 5 à 6 cm de profondeur) et espacez de 10 cm sur 2 rangs par carré. Avant les premières gelées, couvrez la terre autour des poireaux de feuilles mortes jusqu'à 15 à 20 cm de haut. Récoltez tout l'hiver au fur et à mesure de vos besoins.

Pois

Semis : février à avril.

Récolte : juin à août.

Exposition : soleil.

Sol : léger, bien ameubli et pas trop sec en été.

Arrosage : régulier en fin de printemps.

Pour 1 carré de 30 cm de côté : 12 à 15 graines.

Production : une vingtaine de gousses par pied.

À découvrir :
– Petit pois à ramer : 'Roi des Conserves' (grains ronds), 'Téléphone à rames' (grains ridés).
– Pois mangetout : 'Carouby de Maussane', 'Normand'.

Amis : carotte, céleri, chou-rave, navet, pomme de terre, radis.

Ennemis : ail, échalote, oignon, poireau.

Culture : préférez les variétés à ramer, car elles occupent une surface moindre pour une production supérieure. Placez dans le carré un treillage en trièdre. Semez une graine tous les 5 cm dans des sillons profonds tracés à la base de chaque face du trièdre. Quand les jeunes pois ont 20 cm de haut, remontez la terre à leur base de 10 cm de haut. Les gousses des petits pois, encore vertes, bien renflées par les grains, se récoltent en coupant leur pédoncule entre les ongles du pouce et de l'index. Les gousses les plus basses arrivent à maturité les premières.

Potiron et autres courges

Plantation : avril à mai.

Récolte : octobre.

Exposition : soleil et chaleur.

Sol : très riche et pas trop sec en été.

Arrosage : modéré.

Pour 1 carré de 30 cm de côté : 1 plant.

Production : 1 (potiron) à 5 (pâtisson, potimarron) fruits par pied.

À découvrir :
– Potiron : 'Galeux d'Eysine', 'Rouge vif d'Étampes', 'Doux d'Hokkaïdo' (potimarron).
– Courge : pâtisson, 'Melonnette Jaspée de Vendée', 'Giraumon Turban', 'Spaghetti végétal'.

Amis : chou d'été, haricot à ramer.

Ennemis : pomme de terre.

Culture : plantez un jeune plant au centre du carré dans un trou de 15 à 20 cm de diamètre rempli de compost. Lorsque le plant a 3 à 5 feuilles, coupez l'extrémité de la tige au-dessus de la 2e feuille à partir de la base. Coupez ensuite au-dessus de la 5e ou 6e feuille à partir de leur base les nouvelles ramifications obtenues après la première taille. Lorsque les fruits ont la grosseur d'un melon, coupez l'extrémité de leur rameau en laissant 2 feuilles après le fruit. Avant les premières gelées, récoltez et entreposez entre 10 et 16 °C.

Radis

Semis : mars à septembre.

Récolte : avril à octobre.

Exposition : soleil.

Sol : pas trop sec en été.

Arrosage : régulier en été.

Pour 1 carré de 30 cm de côté : 1 à 2 sachets de graines pour toute la belle saison.

Production : 1 belle botte par récolte.

À découvrir : 'Flamboyant', 'Flamino', 'Gaudry', 'Cerise', 'De 18 jours', 'National'.

Amis : carotte, chou, concombre, cresson, fraisier, haricot, laitue, persil, pois.

Ennemis : cerfeuil, hysope.

Culture : le radis rose, prêt à déguster en 1 mois, est le légume idéal pour le potager au carré. Semez de nouveau dès que vous avez tout récolté pour en savourer d'avril à octobre. Semez en sillons profonds de 2 à 3 cm, espacés de 15 cm (radis rose) soit 2 à 3 graines par carré. Éliminez quelques plants quand ils ont 2 à 3 feuilles pour ne garder qu'un radis par centimètre. Arrosez copieusement pour éviter que les radis n'aient un goût trop piquant et ne deviennent fibreux. Récoltez-les quand ils ont 1 cm de diamètre maximum en tirant à la base des feuilles. Conservez les fanes pour confectionner des potages.

Rhubarbe

Plantation : mars à avril ; septembre à octobre.

Récolte : mai à juin ; septembre à octobre.

Exposition : soleil.

Sol : pas trop calcaire, toujours un peu humide en été et riche.

Arrosage : abondant.

Pour 1 carré de 30 cm de côté : 1 plant.

Production : 1 à 3 kg en 2 récoltes.

À découvrir : 'À Côtes Rouges', 'Victoria', 'Rouge Monarque'.

Amis : pas d'affinités particulières.

Ennemis : aucun.

Culture : placez le plant de rhubarbe dans un trou de 20 à 30 cm de côté et de profondeur, avec une couche de 8 à 10 cm de compost ou de fumier décomposé au fond. Ses bourgeons (qui commencent à poindre au printemps) doivent affleurer à la surface de la terre. En juin, coupez les tiges florales qui apparaissent au cœur des feuilles bien avant leur épanouissement au ras du sol. Récoltez en cassant au ras du sol les pétioles des feuilles. Divisez tous les 4 à 5 au printemps.

Tomate

Semis : mars à avril.

Plantation : mi-avril à mai.

Récolte : juillet à septembre.

Exposition : soleil.

Sol : léger, frais en été et riche.

Arrosage : abondant.

Pour 1 carré de 30 cm de côté : 1 (variété à gros fruits) à 2 (variétés « cocktail ») plants.

À découvrir : 'Merveille des Marchés', 'Evergreen', 'Rose de Berne', 'Cœur de Bœuf', 'Tomate des Andes', 'Délice du Jardinier', 'Sweet 100', 'Poire jaune'.

Amis : ail, asperge, basilic, carotte, céleri, mâche, oignon, persil.

Ennemis : chou-rave, concombre, fenouil, haricot, pomme de terre.

Culture : taillez les variétés à gros fruits. Vers la fin juin, coupez la tige principale (celle du plus gros diamètre) au-dessus du 3e bouquet de fleurs à partir de sa base. Conservez 1 à 2 ramifications à sa base que vous couperez au-dessus du 1er ou 2e bouquet de fleurs. Éliminez les autres ramifications et les jeunes pousses sur toutes les tiges conservées.

Index

Les chiffres en gras indiquent les fiches de culture des légumes.

Crédits photographiques
Toutes les photos sont de Pierre Fernandes, sauf :
buis couverture : iStockphoto,
p. 51 d : Frédéric Marre/Rustica (jardin Taugourdeau),
p. 52 d : Frédéric Marre/Rustica (Le Bois Pinard/Marie Marcat),
p. 54 d : Frédéric Marre/Rustica (Le Bois Pinard/Marie Marcat),
p. 55 d : Unclesam/Fotolia,
p. 58 g : Alexandre Petzold/Rustica (jardin du Feyel),
p. 58 d : Alexandre Petzold/Rustica (jardin du Feyel),
p. 59 g : Christian Hochet/Rustica (jardin du Ranquet),
p. 62 g : Philippe Asseray/Rustica.

Conception graphique :
Laurent Quellet

Mise en pages :
Véronique Sommeilly / S puissance 3

Suivi éditorial :
Frédérique Chavance

Fabrication :
Aurélie Lacombe (F10024)

N° éditeur : 49451

Photogravure :
IGS

Achevé d'imprimer en mars 2010 par Pollina - L52814 (France)